Howells • Lickorish

Familien-Beziehungs-Test

FBT

8. Auflage

Ernst Reinhardt Verlag München Basel

Titel der englischen Originalausgabe:
Family Relations Indicator © 1967 Oliver and Boyd, London
This translation of Family Relations Indicator is published by arrangement with Pearson Education Limited.
Aus dem Englischen von Karl Klüwer
Deutsche Erstausgabe 1972

Bibliografische Information der Deutschen Nationalbibliothek

Die Deutsche Nationalbibliothek verzeichnet diese Publikation in der Deutschen Nationalbibliografie; detaillierte bibliografische Daten sind im Internet über <http://dnb.d-nb.de> abrufbar.

ISBN 978-3-497-02682-1

Printed in EU

Ernst Reinhardt Verlag, Kemnatenstr. 46, D-80639 München
Net: www.reinhardt-verlag.de E-Mail: info@reinhardt-verlag.de

Einführung

Der Wert projektiver Techniken

„Wenn es eine Einheit der Persönlichkeit gibt, die sich direkt oder indirekt durch alles das ausdrückt, was eine Person tut, dann muß es einen Weg geben, diese Einheit zu charakterisieren."

Diese Betrachtungsweise von *Hilgard* (1963) ist eine theoretische Rechtfertigung für die Entwicklung projektiver Techniken. Die Einmaligkeit jeder Person läßt erwarten, daß sie, diese Person, ihre ganz charakteristischen Gedanken und Haltungen äußern wird, wenn man sie anregt, sich so frei wie möglich auszudrücken. Dieses Ziel wird am besten durch solche Reize erreicht, die einen hohen Grad von Unbestimmtheit haben und das Denken der betreffenden Person nicht in eine bestimmte Richtung lenken. Deshalb wird bei der Anwendung projektiver Techniken oft Bildmaterial benutzt. Vorausgesetzt, daß die Bilder genügend unstrukturiert sind, können verschiedene Versuchspersonen eine breitgestreute Reihe von Interpretationen zu den Bildern bringen, da jedes Individuum frei ist, seine eigene Vorstellungswelt mit den Bildern zu verbinden. Dadurch wird es der Versuchsperson möglich, ihre charakteristischen Gefühle, Haltungen und Beziehungsformen darzustellen. Projektive Techniken mit Hilfe von Bildern werden demzufolge häufig in psychologischen Untersuchungen angewendet und, wie *Phillipson* (1955) ausführt, „in zunehmendem Maße als eine Methode zur Untersuchung der Persönlichkeitsdynamik eingesetzt".

Die Validität projektiver Techniken ist bekanntlich schwer zu bestimmen. Aber das bedeutet keineswegs, daß sie nicht doch wertvoll wären. Wenn man von der *Hypothese* ausgeht, daß sie die *charakteristischen* Züge eines Individuums aufdecken, kann es gar nicht überraschen, daß sie schwierig auszuwerten sind. Denn der Auswertungsprozeß ist ja nicht von der oberflächlichen Kenntnis einer großen Kontrollgruppe abhängig, sondern von der ganz detaillierten Kenntnis eines einzelnen Individuums. Die *charakteristischen Züge* von Individuen oder Familien sind aber in der therapeutischen Arbeit von höchster Wichtigkeit, und jedes Hilfsmittel, das Einsichten in spezielle Verhaltensweisen von Personen oder Gruppen ermöglicht, ist willkommen. Trotz aller Einwände, die gegen sie vorgebracht wurden, sind projektive Verfahren weiterhin zu Recht unentbehrlicher Bestandteil von Testbatterien, wie sie in psychologischen Untersuchungen verwendet werden.

Der Haupteinwand gegen projektive Techniken rührt wohl von der Tatsache her, daß zu viel von ihnen erwartet wurde. Sie erlauben keine vollständige Beschreibung der Gesamtpersönlichkeit. Auch enthüllen sie nicht alle Haltungen und Beziehungsmöglichkeiten des Subjektes, das auf sie reagiert. Wahrscheinlich können sie nie die gleiche „objektive Validität" haben wie ein Intelligenztest, und man kann auch nicht behaupten, man könne mit ihnen „Persönlichkeit messen" oder Verhalten vorausbestimmen. Diese Einwände sind lediglich bezeichnend für die Grenzen projektiver Techniken; sie widerlegen keineswegs den Nutzen ihrer Anwendung.

Das übermäßige Interesse für messende Verfahren, das seit einigen Jahren in der Psychologie vorherrscht, hat häufig dazu geführt, daß alle Verfahrensweisen, die nicht in die Zwangsjacke statistischer Voraussage gepreßt werden können, als unwissenschaftlich betrachtet wurden. Es darf aber bezweifelt werden, ob „das Messen" ein sehr brauchbares Konzept in der Psychologie ist (*Lickorish*, 1965); wenn auch den statistischen Methoden ihr Wert nicht abzusprechen ist, so sind sie doch nicht die einzige Verfahrensweise, gegebene Daten wissenschaftlich auszuwerten (*Meehl*, 1957).

Das Unvermögen projektiver Tests, menschliches Verhalten *vorauszusagen*, hängt wohl mit der Tatsache zusammen, daß Menschen und ihre Umgebung sich im Laufe der Zeit wandeln, ganz gleich ob uns das paßt oder nicht (*Wolstein*, 1964). Die Veränderungen können die Wahrnehmungswelt des Individuums beeinflussen, und das wirkt sich entsprechend in dessen Reaktion auf unbestimmte vieldeutige Reize aus. Wenn ein Proband heute in einem Test eine Serie aggressiver Antworten gibt, so bedeutet das nicht, daß er einige Wochen später auf ähnliche Reize wieder mit aggressiven Antworten reagieren würde oder gar müßte. In der Zwischenzeit kann sich etwas für ihn ereignet haben, das sein Wahrnehmungsschema wesentlich verändert hat. Die projektive Verfahrensweise würde sich also, wenn wiederholte Tests zugrunde gelegt würden, als Instrument der Voraussage als unzuverlässig erweisen. Im Gegensatz dazu erwarten wir, daß die Feststellung intellektueller Begabung einen vernünftigen und brauchbaren Voraussagewert hat. Intellektuelle Begabung hängt nämlich in hohem Maße von den neurologischen Gegebenheiten der zerebralen Organisation ab, die sicher nicht dem selben Wandel unterliegt wie die Wahrnehmungswelt.

Bei aller kritischen Würdigung der Grenzen projektiver Techniken stellen diese doch eine brauchbare Methode für die Untersuchung von Persönlichkeitszügen und zwischenmenschlichen Beziehungen dar.

Der Familien-Beziehungs-Test (F. B. T.)

Diese projektive Technik wurde zuerst von *Howells* und *Lickorish* (1936) beschrieben. Sie wurde dazu entworfen, die Beziehungsformen zwischen den Familienmitgliedern zu erhellen; ebenso aber auch, um einen Überblick über die Gefühle und Haltungen der Individuen in der Familie zu gewinnen. Im Hinblick auf die bereits erwähnten Prinzipien wird eine derartige Technik naturgemäß eine Serie von vieldeutigen Bildern verwenden, auf denen Familiensituationen dargestellt sind. Den selben Prinzipien entsprechend, wird der Proband die Bilder gemäß seiner eigenen Familiensituation beschreiben. Er wird *seine eigene Anschauung* darstellen und die Familienbeziehungen so beschreiben, wie er sie wahrnimmt. Das heißt nicht, daß sie notwendigerweise auch so sein müßten.

Familienpsychotherapie und der F. B. T.

In dem Maße, wie sich unser klinisches Interesse vom Individuum auf die Familie verlagerte, wurde das Bedürfnis nach einer projektiven Technik entsprechender Art immer dringlicher. Die meisten projektiven Techniken zielten auf ein „Persönlichkeitsbild“ des Individuums. Aber das Aufkommen der Familienpsychotherapie (*Howells*, 1963) zwang dazu, viel mehr Aufmerksamkeit auf die *interpersonalen* Aspekte des Familienlebens zu verwenden, denn die Familienpsychotherapie bedeutet ein neues, theoretisches und praktisches System in der Psychotherapie, in dem die Familiengruppe als die funktionale Einheit an die Stelle des Individuums tritt.

Dieses neue System also ließ die Individualpsychotherapie als veraltet erscheinen, welche den Erwachsenen oder das Kind oder den Jugendlichen jeweils als funktionale Einheit betrachtet. Das Konzept von der Familie als funktionaler Einheit gilt als Methode der Wahl, seitdem die ganze Familie als „der Patient“ betrachtet wird. Die Symptomatologie der Störung wird aus dem Familienfeld erklärt und die Prozesse der Untersuchung und Behandlung beruhen ebenfalls auf dem Konzept der Familie als der funktionalen Einheit. Die Familie steht im Brennpunkt aller therapeutischen Anstrengungen mit dem übergeordneten Ziel, eine harmonische, gesunde und integrierte Familie zu schaffen.

Die revidierte und vervollständigte Ausgabe des F. B. T.

Die vorliegende Ausgabe des Familien-Beziehungs-Tests unterscheidet sich von der ursprünglichen (nur englisch erschienenen) Ausgabe in folgenden wichtigen Punkten: 1. Alle Bilder wurden nach speziellen Angaben des Autors in einem modernen Stil völlig neu gezeichnet. 2. Die kulturellen und sozialen Bezüge in den Zeichnungen wurden weiterhin vermindert, so daß sie für eine weitere Streuung von Kulturbereichen anwendbar wurden. 3. Eine zusätzliche Serie von 6 Bildern wurde hinzugefügt, so daß jetzt je Ausgabe insgesamt 24 Bilder vorliegen. 4. Die Bilder sind jetzt in vier Parallelserien angeordnet, die nach Bedarf in zwei ausgeglichene Folgen von je 12 Bildern gruppiert werden können. So ist es möglich, nach Wunsch mit der halben Zahl der Karten in einem Interview auszukommen. 5. Dadurch wird das Verfahren eines Wiederholungstests möglich. 6. In Theorie und Praxis wird ein klarer Unterschied gemacht zwischen der *aktuellen* Familiensituation und der jeweiligen *Wahrnehmung* dieser Situation durch die einzelnen Familienmitglieder. 7. Der Test kann auch für die Strukturierung eines Interviews benutzt werden, indem der Untersucher die jeweils geeigneten Karten als Stimulus für die Diskussion verwendet. 8. Die Karten sind ebenso gut für Eltern und Erwachsene zu verwenden wie für Kinder. 9. Die Auswertungsmethode für die jeweiligen Antworten zu den Karten wurde verfeinert. 10. Die Untersuchung der Validation wurde mit Familien durchgeführt anstatt mit Kindern allein; sie wurde zugleich auf spezifische Verhaltenseigentümlichkeiten gegründet anstelle von allgemeineren Verhaltenskategorien. 11. Eine exaktere statistische Auswertung der Ergebnisse wurde durchgeführt. 12. Die Bilder sind etwas kleiner als in der ursprünglichen Ausgabe. Sie sind auf solide zellophanierte Karten gedruckt. 13. Sie haben eine matte Oberfläche und vermeiden damit die irritierende Spiegelung, die auf glänzendem Material erscheint.

Die theoretische Basis

Die theoretische Grundlage des F. B. T. ist durch drei wichtige Prinzipien gegeben. Die ersten beiden Prinzipien sind Zitate aus *Hilgard* (1962):

1. „Wenn die Wahrnehmungsobjekte unbestimmt sind, neigt der Wahrnehmende dazu, ihnen mehr Bedeutung zu geben, als die stimulierenden Bedingungen an sich erfordern" (S. 213).

2. „. . . Wahrnehmung ist ebenso durch frühere Erfahrung beeinflußt" (S. 197).

3. Das dritte Prinzip ist aus der Erfahrung abgeleitet und durch die Validierung gestützt. Es besagt: Wenn sich ein Proband in einer sicheren, freundlichen und ermutigenden Umgebung befindet, so wird er gewöhnlich den Figuren auf den Bildern die Art von Handlungen, Haltungen, Reden und Erfahrungen zuschreiben, die er in seiner eigenen unmittelbaren Erfahrung findet.

Beschreibung und Aufbau

Der vollständige Familien-Beziehungs-Test besteht aus 40 Bildern. 16 von diesen sind für den Gebrauch bei Familien bestimmt, die nur Jungen oder Mädchen haben; 8 eignen sich für beide Arten von Familien. Das bedeutet, daß ein Satz von 24 Bildern im allgemeinen den Eltern und Kindern jeder Familie vorgelegt werden kann. Wenn eine Familie sowohl Jungen wie Mädchen hat, dann sollte den Eltern der ganze Satz von 40 Bildern vorgelegt werden. Dazu benötigt man im Durchschnitt zwei halbstündige Sitzungen. Die Karten sind in 4 parallelen Serien geordnet, wie in Tabelle 1 dargestellt.

Tabelle 1. Die Anordnung der F.B.T.-Bilder in vier parallelen Serien

Serie	Kennummern der Karten					
I	E1	Va1	Mu1	J1 oder M1	G1	JBy1 oder MBy1
II	E2	Va2	Mu2	J2 oder M2	G2	JBy2 oder MBc2
III	E3	Va3	Mu3	J3 oder M3	G3	JBy3 oder MBy3
IV	E4	Va4	Mu4	J4 oder M4	G4	JBy4 oder MBy4

E = Eltern Va = Vater Mu = Mutter J = Junge M = Mädchen G = Geschwister
JBy = Junge und Baby MBy = Mädchen und Baby

Die Karten mit der Nummer E1, E2, E3, E4 zeigen Eltern und Kinder und werden sowohl den Jungen wie den Mädchen vorgelegt. Die Karten G1, G2, G3 und G4 zeigen Jungen und Mädchen und werden ebenfalls beiden Geschlechtern vorgelegt. Die übrigen 16 Karten werden den Eltern und den Jungen oder Mädchen fallweise vorgelegt. Die Karten sind durch aufgedruckte Buchstaben und Ziffern gekennzeichnet. So sind die 4 Karten mit Eltern und Kindern numeriert als E1, E2, E3, E4. Auf ähnliche Weise sind die Karten mit Vater und Junge Va1, Va2, Va3 und Va4 numeriert, und Mutter und Junge sind bezeichnet als Mu1, Mu2, Mu3 und Mu4. Die Karten, auf denen der Junge allein dargestellt ist, tragen die Bezeichnung J1, J2, J3 und J4; das entsprechende gilt für die Karten mit einem Mädchen allein mit dem Zeichen M. Karten mit dem Baby sind numeriert JBy1 bzw. MBy1 usw. Die Karten auf denen Geschwister dargestellt sind, haben die Kennzeichen G1, G2, G3 und G4. Zusätzlich zu diesen Bezeichnungen hat jede Karte eine Seriennummer, so daß es leicht ist, die Serien nach dem Gebrauch richtig zu ordnen. Die Seriennummern laufen von 1–24. Die Jungen- und Mädchenkarten sind dabei durch die Buchstaben J bzw. M gekennzeichnet.

Die Bilder wurden wie erwähnt nach den speziellen Angaben der Autoren gezeichnet. Dabei wurden folgende Gesichtspunkte beachtet: 1. Es sollte so wenig emotionaler Ausdruck in Haltung, Gesten und Mimik erscheinen, daß in jedem Bild ein hoher Grad von Unbestimmtheit gegeben ist. 2. Die Ausführung sollte modernem Stilempfinden entsprechen, aber auf keine bestimmte soziale Klasse hinweisen. 3. Das Alter der Kinder sollte zwischen 7 und 12 sein mit entsprechendem Alter für die Elternfiguren. 4. Innenraumszenen sollten zeitgemäß erscheinen, aber mit einem Minimum an Details. Das Mobilar sollte so weit als möglich sozial unbestimmt sein. 5. Die Szenen im Freien sollten, was die soziale Umgebung betrifft, neutral sein. 6. Alle Szenen sollten Kindern im Schulalter ausreichend vertraut sein.

Die Bilder wurden von den Autoren sorgfältig überprüft, und der Zeichner nahm auf deren Wunsch zahlreiche Änderungen und Verbesserungen vor. Die vorliegende Serie der Bilder berücksichtigt die Erfahrungen, die mit der ursprünglichen Ausgabe des Tests bei ständigem Gebrauch während 6 Jahren gemacht wurden. Schon die ursprüngliche Ausgabe war das Ergebnis einer umfangreichen Arbeit mit Versuch und Irrtum gewesen, bis die Bildserie schließlich als zufriedenstellend befunden wurde. So sind die Änderungen, die vorgenommen wurden, das direkte Ergebnis einer sehr beachtlichen klinischen Erfahrung.

Durchführung und Protokollierung

Methode der Anwendung des Indikators für das Kind

Bevor die Bilder dem Kind vorgelegt werden, ist es wichtig, zwischen Versuchsleiter und Kind einen Rapport herzustellen, der so intensiv wie nur irgend möglich sein sollte. Auf welche Weise ein solcher erreicht werden kann, hängt natürlich vom Alter des Kindes ab. Für kleine Kinder kann eine kurze Spielphase die beste Einleitung sein; bei älteren Kindern kann man mit einem Gespräch beginnen oder anregen, daß sie etwas zeichnen, oder man kann sie zu irgendeiner anderen freien und leichten Tätigkeit auffordern.

Im Idealfall sollte der Test dem Kinde nicht während des ersten Interviews vorgelegt werden, aus dem einfachen Grund, weil es sich vielleicht noch nicht genügend heimisch fühlt, um auf die Bilder adäquat zu antworten. Wenn also irgend möglich, sollte der F. B. T. beim zweiten oder einem späteren Besuch des Kindes durchgeführt werden. Wenn eine günstige Beziehung hergestellt ist, werden die Bilder ganz beiläufig vorgelegt. Sie werden mit einer kurzen Bemerkung eingeführt, wie: „Ich habe hier einige Bilder, auf denen Leute zu sehen sind, die verschiedene Dinge tun. Einige sind Jungen und Mädchen, andere sind Erwachsene. Ich möchte, daß du sie dir einmal ansiehst und überlegst, ob du mir etwas über sie erzählen kannst. Sag mir einfach, was sie nach deiner Meinung tun oder sagen.“ Die Karten werden dann einzeln in der Reihenfolge der Serie vorgelegt, entsprechend den aufgedruckten Nummern. Wenn das Kind mit der Antwort zögert, wird eine passende Ermunterung gegeben. Auch direkte Fragen können gestellt werden: „Was meinst du tun sie da?“ oder „Was denkst du sagen sie gerade?“, „Was scheint er da zu tun?“ Diese Art von Fragen kann so oft wiederholt werden wie nötig, ganz wie es der Versuchsleiter für richtig hält. Es ist selbstverständlich äußerst wichtig, Suggestivfragen zu vermeiden, in denen irgend etwas Spezifisches nahegelegt wird.

Wenn das Kind aufhört, spontan zu antworten, so ist ihm noch einmal Mut zu machen, etwa mit den Worten: „Das war recht gut, kannst du mir sonst noch etwas darüber erzählen?, „Gibt es noch irgend etwas anderes woran du denken kannst?“

Mit Anerkennung und Lob für die Aussagen des Kindes sollte nicht gespart werden. Öfters ist es notwendig, dem Kind ermutigend zuzureden, um es zu adäquaten Antworten zu bewegen. Alle Arten von Antworten werden akzeptiert. Selbst wenn es nur eine Aufzählung der Objekte auf dem Bild ist. Wenn das Kind mit einer einfachen Beschreibung des Bildes beginnt, so kann das ein Weg sein, zu einer mehr dynamischen Interpretation dessen zu kommen, was es sieht. Wenn das Kind aber bei der einfachen Aufzählung und Beschreibung bleibt, dann sollte es angeregt werden, darüber nachzudenken, was die Leute vielleicht sagen oder tun. Zum Beispiel kann man es auffordern: „Du machst es schon ganz schön, aber kannst du mir auch sagen, was sie nach deiner Meinung vielleicht tun oder sagen?“ Das Kind wird nicht aufgefordert, eine Geschichte zu erfinden, sondern einfach zu sagen, was es über die Vorgänge auf dem Bild denkt. Anstatt phantasievoller Beschreibungen werden einfache Feststellungen angeregt.

Anwendung des Tests bei Eltern und Erwachsenen

Wenn der F. B. T. Eltern oder Erwachsenen vorgelegt wird, ist eine genauere Einführung zu geben. Zuerst wird das allgemeine Ziel der Untersuchung erklärt und dann die Art und Weise erläutert, wie auf die Karten geantwortet werden sollte. Dabei ist es statthaft, einen Ausdruck wie „freie Assoziation“ zu gebrauchen und genau zu erklären, was das bedeutet. Auch ist es gut, klarzumachen, daß es keine Antworten gibt, die von ihnen erwartet würden. Sie seien völlig frei, genau das zu sagen, was sie sagen möchten, und verschiedene Menschen würden auch ganz verschiedene Antworten auf die Bilder geben. Die Probanden werden zu einer entspannten Haltung ermuntert, ähnlich wie sie auch in einem therapeutischen Interview wünschenswert ist. Ähnlich wie bei der Anwendung des Tests bei Kindern werden auch die Eltern zu einer größtmöglichen Zahl von Antworten ermuntert.

Methoden bei der Protokollierung der Antworten

Die Antworten auf die Karten werden wörtlich notiert, ebenso wie die Bemerkungen und Fragen des Versuchsleiters. Im allgemeinen dürfte möglich sein, die Antworten der Kinder handschriftlich festzuhalten, wenn man die üblichen Abkürzungen benützt. Eine Ausnahme machen die relativ wenigen Kinder, die sehr schnell sprechen. Es ist deshalb von Vorteil, wenn man wenigstens einigermaßen die Stenographie beherrscht. Selbst geringe Übung in Stenographie bedeutet einen großen Vorteil und ermöglicht eine korrekte Niederschrift der Antworten, die gegeben werden. Wenn möglich sollte eine Bandaufnahme des Interviews gemacht werden, die dann in Maschinenschrift übertragen wird. Die Bandaufnahme hat den doppelten Vorteil, daß der Versuchsleiter seine ganze Aufmerksamkeit dem projektiven Verfahren zuwenden und eine entspannte Atmosphäre herstellen kann, ohne daß seine Aufmerksamkeit durch die Niederschrift beeinträchtigt würde.

Die Antworten der Eltern und Kinder sollten, wenn irgend möglich, immer auf Tonband festgehalten werden, sonst ist es sehr schwierig, eine wirklich genaue Niederschrift dessen zu erhalten, was sie tatsächlich gesagt haben. Wenn auch über den Gebrauch von Mikrophonen für die Aufnahme von Interviews lebhaft diskutiert wurde, so haben sich doch bei der Aufnahme der F. B. T.-Antworten nie Schwierigkeiten ergeben. Sie sind ganz offen aufgenommen worden. Das Mikrophon stand immer auf dem Tisch, und es wurde kein Versuch gemacht, es zu verbergen. Den Erwachsenen Patienten wird versichert, daß ihre Namen während der Bandaufnahme nicht genannt würden und daß selbstverständlich das, was sie sagen, ebenso vertraulich behandelt werde wie alles andere, was während des Interviews erwähnt wird. Es wird auch erwähnt, daß es notwendig sei, eine exakte Wiedergabe dessen zu haben, was sie als Antwort auf die Karten sagen, und daß die Tonbandaufnahme die einzige wirklich verläßliche Methode sei, das zu erreichen. Bei Kindern rief das Mikrophon auf dem Tisch häufig sogar ein verstärktes Interesse an dem Gesamtverfahren hervor, besonders wenn ein Teil seiner Antworten dem Kinde später vorgespielt wurde.

Immerhin können zwei Schwierigkeiten bei der Benutzung des Tonbandgerätes entstehen. Die eine ergibt sich aus der schlechten Aussprache mancher Eltern und Kinder, und die andere aus den langen Pausen, die manchmal während eines Interviews eintreten. Schlechte Aussprache macht es fast unmöglich, beim Schreiben des Bandes das Gesagte zu verstehen, und damit ist es schwierig, eine genaue Niederschrift anzufertigen. Die Schwierigkeit, die sich aus langen Pausen ergibt, ist lediglich ein Zeitproblem. Selbstverständlich braucht man für das Abspielen des Bandes ebenso lange wie für die Aufnahme, und das bedeutet für die Sekretärin einen erhöhten Zeitaufwand. Aber welche Methode auch für die Protokollierung der Antworten gewählt wird — der Wortlaut sollte mit doppeltem Abstand maschinengeschrieben werden, damit die Analyse der Antworten auf die Bilder erleichtert wird.

Methode, die Antworten zu analysieren

Eine Methode, die Antworten zum Familien-Beziehungs-Test zu analysieren, wurde bereits von *Lickorish* (1966) beschrieben, aber inzwischen wurden geringe Änderungen der Methode eingeführt. Die Verfahrensweise ist heute wie folgt:

Informationseinheiten. Die Antworten zu jedem Bild werden nach ihrer syntaktischen und grammatikalischen Struktur analysiert. Das heißt, sie werden in einfache Sätze, Nebensätze, Redensarten und Ausrufe unterteilt. Diese syntaktischen Einheiten werden durch Schrägstriche // von einander getrennt. Jede einzelne davon wird als *Informationseinheit* betrachtet. Die Analyse wird also in dieser Ebene auf einer rein grammatikalischen und syntaktischen Basis durchgeführt. Auf der nächsten Ebene der Analyse werden die *Informationseinheiten* nach den Kategorien klassifiziert, die in Figur 1 aufgeführt sind.

Die 1. Kategorie besteht in einfachen Beschreibungen des Bildes, wie „Da ist ein Kuchen auf dem Tisch", „Da steht ein Mann in der Türe". *Bei der 2. Kategorie handelt es sich um Interaktionen,* also um Stellungnahmen, die beschreiben, was eine Person einer anderen sagt oder tut, wie „Vater macht dem Mädchen Mut", „Mutter gibt dem Jungen eine Ohrfeige". Für die Interaktionen erfolgt eine Unterteilung in verbal und physisch. *In der 3. Kategorie werden Persönlichkeitsmerkmale erfaßt.* Hier handelt es sich um Stellungnahmen zu den dargestellten Individuen. Sie werden unterteilt in Haltungen, Gefühle und Charakterzüge. Beispiele dafür: „Vater hat nicht gern Leute im Haus", „Mutter sieht glücklich aus", „Der Junge tollt herum", „Vater ist sehr ordentlich". Die Informationseinheiten dieser Kategorie sagen nur etwas über das Individuum, aber nicht über seine Beziehung zu den anderen. *Die 4. Kategorie enthält Originalausdrücke,* Ausrufe und Einwürfe, die noch nicht in eine der anderen Kategorien unterzubringen waren. So wird jede Informationseinheit aufgeführt. (N. B. für den klinischen Alltag genügen die Kategorien 2 und 3. Die anderen Kategorien werden nur benötigt, wenn eine Gesamt-Inhalts-Analyse der Antworten durchgeführt werden soll. Eine weitere Kategorie kann herangezogen werden, um die Zahl der Ermunterungsfragen des Versuchsleiters und vielleicht auch die Länge der Pausen festzuhalten.)

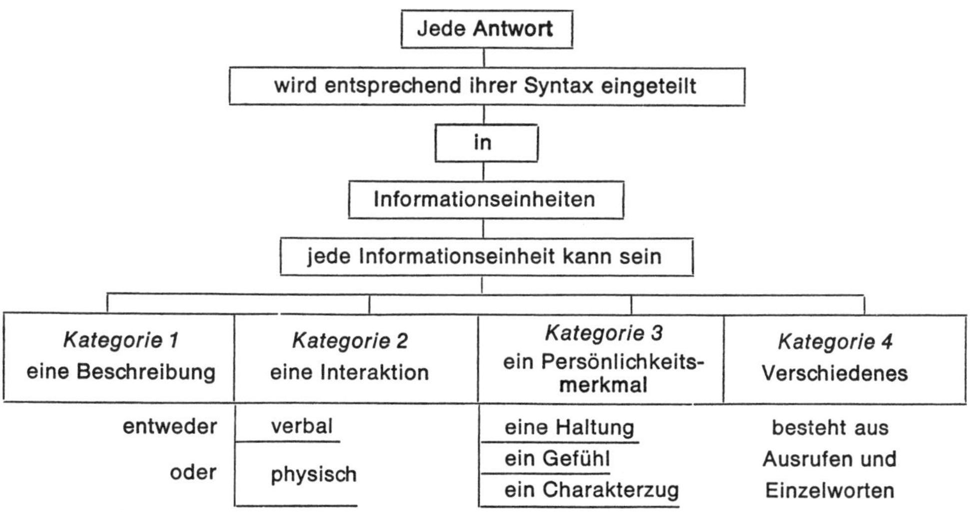

Fig. 1

Der Beziehungsraster

Alle Angaben der Kategorie 2 und 3 werden in den Beziehungsraster eingetragen. Dieser ist in Figur 2 dargestellt und besteht aus vier Spalten mit der Überschrift Vater, Mutter, Junge, Mädchen, und vier korrespondierenden Reihen mit der gleichen Bezeichnung. Diese Benennungen werden im Beispiel nur deshalb angeführt, weil sie ganz allgemein die Beziehungen darstellen, die in den Antworten genannt werden. Wenn andere Beziehungspersonen betroffen werden, wie Großmutter, Vetter, Onkel, dann muß der Raster entsprechend erweitert werden.

Die *verbalen Interaktionen* der Kategorie 2 haben im allgemeinen die Form einfacher Sätze mit Subjekt, Prädikat und Objekt, z. B.: „Die Mutter hilft dem Jungen", „Der Vater schlägt das Mädchen". Derart einfache Sätze sind ganz leicht im Beziehungsraster festzuhalten. Der Satz „Mutter hilft dem Jungen" wird notiert, indem das Verb „hilft" in der Spalte mit der Überschrift „Mutter" und in der Reihe mit der Überschrift „Junge" eingetragen wird. Wenn man jetzt von *oben nach unten* und jeweils zur *linken Seite* hinliest, findet sich: „Mutter" in der Überschrift der Spalte, „hilft" in der Spalte und „Junge" am linken Seitenrand.* Alle verbalen Interaktionen werden auf diese Weise eingetragen, und alle physischen Interaktionen der Kategorie 2 können in ähnlicher Weise niedergeschrieben werden.

Die Angaben der Kategorie 3 sind einfache Beschreibungen von Individuen oder von individuellem Verhalten. Sie werden in den Feldern der Diagonale von links nach rechts unten im Raster eingetragen. Wenn vorkommt „Vater ist schlecht gelaunt", so wird die Beschreibung „schlecht gelaunt" in das Zwischenfeld eingetragen, dessen Spalten-Überschrift ebenso wie dessen Reihenbezeichnung „Vater" lautet. Ähnlich wird „Mutter sieht beunruhigt aus" eingetragen, indem „beunruhigt" in dem freien Diagonalfeld unter der

* In Fig. 2 sind die entsprechenden Angaben gemäß dem nachfolgenden Beispiel von Tabelle 2 eingetragen.

Name .... Datum ....

	Vater	Mutter	Junge	Mädchen
Va	zornig schlecht gelaunt	streitet mit		
Mu	streitet mit	aufgeregt	schlecht gelaunt gegenüber	klagt der . . . über Vater
J	zornig mit sucht nach gibt Ohrfeigen schickt zu Bett	versucht zu helfen hilft	schlechte Schularbeit schlechtes Zeugnis, faul	zankt mit
M	gibt Ohrfeige	nimmt mit zum Spaziergang	zankt mit schlägt	nervös

Fig. 2. Beziehungsraster

Überschrift und der Reihenbezeichnung „Mutter“ notiert wird. Manchmal ist die Eintragung nicht so einfach, wenn die Worte und Sätze höhere Kompliziertheit aufweisen. Aber die angegebene Methode zur Analyse ist auf alle Angaben in den Antworten anzuwenden, und es ist durchaus möglich, alle Informationen der Kategorie 2 und 3 im Beziehungsraster aufzuführen.

Die Aussage des Ergebnisses

Wenn alle *Informationseinheiten* der Kategorien 2 und 3 (vgl. Fig. 1) in den Beziehungsraster eingetragen worden sind, ist es einfach, mit einem Blick die Zahl und die Eigenart der Beziehungen und Charakterzüge zu erfassen, die vom Probanden angegeben wurden. Die Betrachtung des Rasters zeigt, daß die Beziehungen sich um gewisse Personen häufen und daß gewissen Familienmitgliedern unterschiedliche Charakteristiken zugeschrieben werden. Der ausgefüllte Raster bietet damit eine klare und adäquate Aussage der Befunde des F. B. T. für eine bestimmte Person. Natürlich wird für jedes Familienmitglied ein ausgefüllter Raster benötigt.

Wenn der Versuchsleiter seine Befunde an eine andere Person weitergeben muß, dann genügt eine kurze schriftliche Zusammenfassung der Eintragung im Raster.

Beispiel einer analysierten Antwort. Tabelle 2 zeigt eine Antwort auf Bildkarte E2. Sie wurde in *Informationseinheiten* analysiert. Die Informationseinheiten, die in die Kategorie 2 und 3 fallen (siehe Fig. 1), sind in das Beziehungsraster der Figur 2 einzutragen.

Tabelle 2. Beispiel von Antworten zu Karte E2

Hm! / Mutter und Vater schauen aus dem Fenster / sie unterhalten sich über das Benehmen des Jungen. / Vater ist sehr zornig über ihn / denn er ist schlecht in der Schule. / Sein letztes Zeugnis war schrecklich. / Öh . . . / Mutter sagt, sie versuche ihm zu helfen / aber er ist faul / und ihr gegenüber schlecht gelaunt. / Vater wird zorniger / und öh . . . / vielleicht . . . / na ja / er geht ihn suchen. / Er findet ihn / wie er mit der Schwester zankt und sie schlägt. / Er gibt beiden eine Ohrfeige / und schickt den Jungen ins Bett. / Mutter wird sehr aufgeregt. / Das Mädchen ist nervös / und beklagt sich bei Mutter / weil Vater das getan hat. / Mutter nimmt das Mädchen mit zu einem Spaziergang im Park. / Vater denkt über die ganze Geschichte nach / und bekommt schlechte Laune. /

Die Validierung des Familien-Beziehungs-Tests

Das Sample

Die Familien für die Untersuchung der Validität des F. B. T. wurden aus denen gewählt, die laufend das Institut für Familienpsychotherapie besuchten. Die Kriterien der Auswahl waren wie folgt:

1. Die ganze Familie mußte den klinischen Mitarbeitern des Instituts gut bekannt sein.
2. Jede Familie mußte zumindest ein Kind im Alter zwischen 7 und 12 Jahren haben.
3. Eigene Familien mußten aus jeder der fünf Sozialschichten des Britischen Generalregisters gewählt werden.
4. Die Familie war eine reguläre Kernfamilie ohne Schwäger, Großeltern oder andere Leute im gleichen Hause und ebenso ohne Besonderheiten wie Wiederverheiratung der Eltern, Trennung, Pflegekinder usw.

Es ist das offensichtlich kein random sample aus den Familien, die das Institut besuchten. Ihre Auswahl war völlig von dem Ausmaß bestimmt, in dem die Familien den Mitarbeitern des Instituts bekannt waren. Das ist wesentlich, weil die Validierung absolut davon abhing, daß es gelang, die Familie unabhängig von den Antworten auf die F. B. T.-Bilder zu bestimmen.

Eine vorbereitende Untersuchung von 17 Familien zeigte, daß es selbst bei den Familien, die den klinischen Mitarbeitern bestens bekannt waren, nicht immer möglich war, mit Gewißheit genauer zu sagen, wie ihre Beziehungsverhältnisse und Haltungen waren. Schließlich wurde entschieden, 24 Versuchspersonen aus 14 Familien auszuwählen. Die Gruppe setzte sich aus sieben Vätern, acht Müttern, vier Jungen und fünf Mädchen zusammen. Das Alter der Kinder reichte von 7 bis 13 Jahren, ferner war ein Junge 16 Jahre alt. Das Alter der Eltern reichte von 35 bis 50 Jahren. Jede der sozialen Schichten II, III, IV und V war in dieser Auswahl vertreten.

Die Aufnahme der Befunde

Jeder einzelnen Versuchsperson in der Auswahlgruppe wurden die vier Serien der Karten vorgelegt, die den Test bilden.

Sie wurden in der Serienfolge I, II, III, IV präsentiert. Das ist die Ordnung, in der sie von 1 bis 24 numeriert sind. Die Untersuchung wurde in der bereits beschriebenen Weise durchgeführt, und alle Antworten wurden mit Tonband aufgenommen. Eine exakte Abschrift der Antworten wurde angefertigt. Auch das Vorkommen von Pausen und „Geräuschen" wurde notiert und ebenso wurden die Fragen und Kommentare des Untersuchers in der Schreibmaschinenschrift festgehalten.

Die Analyse der Befunde

Die Antworten wurden erst nach der Methode analysiert, die graphisch in Fig. 1 dargestellt ist. Die verbalen wie die physischen Interaktionen wurden folgendermaßen analysiert. Eine *Inter*-Aktion bedeutet eine wechselweise Aktivität zwischen zwei Personen. So kann eine Interaktion zwischen Vater und Sohn in zwei Richtungen analysiert werden.

1. Was Vater (Va) dem Sohn (J) tut oder sagt. Das kann schematisch so dargestellt werden:

$$\text{Va} \longrightarrow \text{J}$$

2. Was der Junge dem Vater tut oder sagt, kann so dargestellt werden:

$$\text{J} \longrightarrow \text{Va}$$

In beiden Fällen handelt es sich um eine *gerichtete Aktivität.* Die beiden *gerichteten Aktivitäten* machen die *Interaktion* zwischen Vater und Sohn aus; sie kann so dargestellt werden:

Va – J

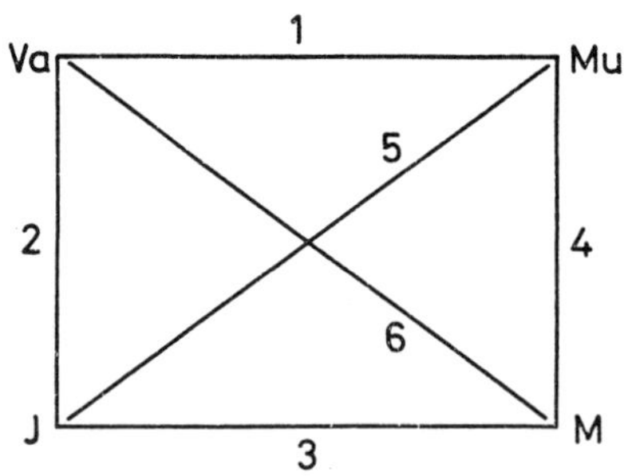

Fig. 3. Graphische Darstellung der Interaktionen in einer Familie von vier Personen.

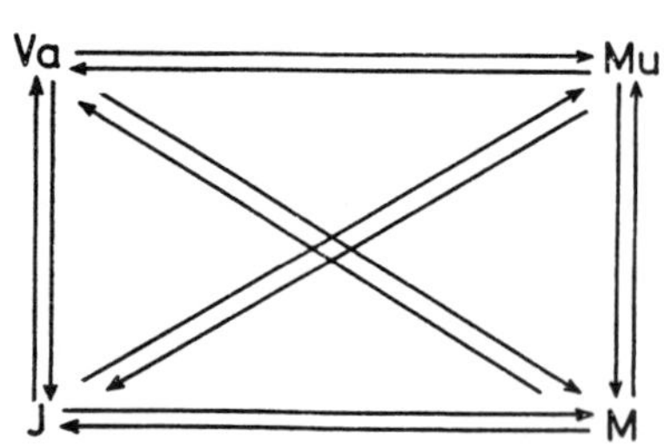

Fig. 4. Schematische Darstellung der 12 „gerichteten Aktivitäten" in einer Familie von vier Mitgliedern.

In einer Familie von vier Personen, bestehend aus Vater (Va), Mutter (Mu), Sohn (J) und Tochter (M), gibt es *sechs Interaktionen,* wie in Fig. 3 dargestellt. Die Linien ohne Pfeilspitzen bezeichnen *Interaktionen.* Jede Interaktion besteht aus zwei *gerichteten Aktivitäten,* wie durch die Pfeile in Fig. 4 gezeigt wird. In einer Vier-Personen-Familie gibt es 12 mögliche *gerichtete Aktivitäten,* wie aus Tabelle 3 hervorgeht.

Tabelle 3. Die Gesamtzahl der gerichteten Aktivitäten, die in einer Familie von vier Personen möglich sind.

Va ⟶ Mu	Mu ⟶ Va	J ⟶ Va	M ⟶ Va
Va ⟶ J	Mu ⟶ J	J ⟶ Mu	M ⟶ Mu
Va ⟶ M	Mu ⟶ M	J ⟶ M	M ⟶ J

Jede dieser *gerichteten Aktivitäten* kann im Beziehungsraster notiert werden. Zusätzlich zu den verschiedenen Interaktionen innerhalb der Familie geben die Antworten auch Auskunft über die Haltungen, Gefühle und Persönlichkeitszüge der einzelnen Mitglieder der Familie. Diese Informationen werden in die diagonalen Reihen des Beziehungsrasters eingetragen, wie bereits erläutert.

Eine andere Kategorie, die in der Validierungsstudie gebraucht, aber nicht in das Beziehungsraster aufgenommen wurde, betraf Gruppencharakteristiken der Familie. Für die Absicht der Validierung wurde dieser Sachverhalt am unteren Rande des Beziehungsrasters hinzugefügt. Die 12 gerichteten Aktivitäten, die vier Persönlichkeitsmerkmale und die Familiengruppencharakteristik ergaben ein Gesamt von 17 Kategorien, nach denen die Antworten jeder Versuchsperson analysiert wurden.

Das Verzeichnis der Merkmale

Um zwischen der Information, die durch den F. B. T. gegeben wurde, und jener, die durch den unabhängigen Beobachter erhalten wurde, einen Vergleich zu ermöglichen, wurde für jede der 17 bereits genannten Kategorien ein Merkmalsverzeichnis vorbereitet. Dieses wurde folgendermaßen zusammengestellt.

Für jede Versuchsperson wurde ein Beziehungsraster gebraucht. Alle Eintragungen in dem Raster wurden unter ihren entsprechenden Kategorien registriert. Jede Liste von Merkmalen wurde dann unter fünf Überschriften eingeordnet nämlich: allgemeine Haltung, Verbalisation, Aktionen, Gefühle, Kontrollen oder Strafen.

Das Merkmalsverzeichnis für die Vater zu Sohn *gerichteten Aktivitäten* (Va ⟶ J) ist in Fig. 5 dargestellt. Andererseits wurden fünf entsprechende Spalten mit den Überschriften notiert: Psychotherapeut; Va; Mu; J; M. Entsprechende Merkmalsverzeichnisse für die anderen *gerichteten Aktivitäten* wurden ebenso vorbereitet wie auch Verzeichnisse, die die individuellen Charakteristiken der Familienmitglieder zeigen. Die Merkmale auf der linken Seite jedes Verzeichnisses wurden direkt von den Antworten auf den F.B.T. genommen. Sie wurden nicht auf einer theoretischen Basis ausgewählt. Jedes der 17 Verzeichnisse wurde für jede Versuchsperson im sample ausgefüllt. Die Merkmalsverzeichnisse wurden für jeden Einzelnen vom Psychotherapeuten und vom Psychologen unabhängig ausgefüllt. Der Psychologe führte dies durch, indem er allein die Informationen benutzte, die aus dem F.B.T. zur Verfügung standen. Der Psychotherapeut füllte sie aus, indem er die Informationen benutzte, die durch Interviews ohne irgendeine Kenntnis von den Resultaten des F.B.T. erhalten worden waren.

Die Bewertungsmethode der Merkmalsverzeichnisse

Es ist wichtig, sich völlig klar darüber zu sein, daß in diesem Verzeichnis zwei verschiedene Erfassungen der Familie und ihrer Mitglieder gemacht werden.

1. Die Familienbeziehungen werden festgestellt, wie sie von dem *unabhängigen Beobachter* (d. h. dem Psychotherapeuten) gesehen werden. Diese Erfassung ist auf jedem Merkmalsverzeichnis in Spalte 1 eingetragen. Das ist die Familiensituation, wie sie „wirklich ist" (natürlich von eventuellen Beobachtungsfehlern abgesehen).

Fig. 5. Merkmalverzeichnis für die gerichteten Aktivitäten von Va zu J:

	in der Sicht von				
Vater zu Sohn	Psych*	Va	Mu	J	M
	1	2	3	4	5
generelle Haltung					
tolerant					
auf des Jungen Sicherheit bedacht					
auf seine Erziehung bedacht					
erwartet hohe Leistungen (Schule)					
bevorzugt den Jungen vor dem Mädchen					
dominiert					
ist mißtrauisch gegenüber den Unternehmungen des Sohnes					
zeigt kein Interesse					
versteht den Jungen nicht					
Verbalisierung					
erklärt ihm Dinge					
vernünftige Gespräche					
ist brummig über					
warnt wegen des Verhaltens					
Handlungen					
hilft beim Spiel, bei der Hausarbeit, usw.					
geht mit ihm spazieren					
spielt niemals mit / hilft / oder nimmt ihn mit nach draußen					
Gefühle					
irritiert von					
erfreut mit					
Strafen					
schlägt					
verbietet Handlungen / schickt ins Bett					
entzieht Nahrung / Spielzeug / Geld					

* Psychotherapeut

2. Die Familienbeziehungen sind erfaßt, *wie sie von den verschiedenen Familienmitgliedern gesehen werden.* Diese Erfassungen sind eingetragen in die Spalten 2, 3, 4 und 5. Sie können also mit den Feststellungen in Spalte 1 übereinstimmen oder nicht.

Die Merkmale wurden in der folgenden Weise numerisch erfaßt: Wenn ein Merkmal die Familie beschrieb wie sie wirklich war (oder ein Familienmitglied oder eine Beziehung),

Beispiele	Familienglieder															
	Vater				Mutter				Junge				Mädchen			
	T	U	+	—	T	U	+	—	T	U	+	—	T	U	+	—
Eigenschaften der Familiengruppe																
Va —— Mu																
Va ——→ J																
Mu ——→ J																
J ——→ Va																
J ——→ Mu																
Va ——→ M																
Mu ——→ M																
M ——→ Va																
M ——→ Mu																
J —— M																
Individuelle Eigenschaften																
Va																
Mu																
J																
M																
TOTAL																

Fig. 6. Sammelverzeichnis

dann wurde eine 1 zu diesem Merkmal in Spalte 1 (= Psych.) notiert. Wenn ein Merkmal bei der Auswertung mit der Betrachtungsweise eines Familienmitgliedes völlig übereinstimmte, dann wurde zu diesem Merkmal eine 1 je nachdem in Spalte 2, 3, 4 oder 5 eingetragen. Wenn ein Merkmal mehr oder weniger zu der Familie oder zu einem Individuum paßte, dann wurde es anstelle von 1 mit 2 oder 3 markiert. Hinsichtlich der Eintragungen in Spalte 2 mit der Überschrift Va war es notwendig zu fragen: „Unterscheidet sich Vaters Sicht der Familie irgendwie von der Sicht, die in Spalte 1 notiert wurde?“ Traf das zu, so wurde das widersprüchliche Merkmal mit (—) markiert. Alle anderen Merkmale wurden auf die bereits beschriebene Weise und auch in den übrigbleibenden Spalten entsprechend registriert.

Der Psychologe füllte das Merkmalsverzeichnis aus, indem er die Informationen aus dem Beziehungsraster verwendete. Die Eintragungen in jeder Spalte (mit Ausnahme der „Psych.“ überschriebenen) wurden von den einzelnen Rastern genommen, die für Vater, Mutter, Sohn und Tochter ausgefüllt worden waren. Vom Psychologen wurden nur solche Merkmale als vorhanden markiert, die bei zwei unabhängigen Gelegenheiten von der antwortenden Person erwähnt wurden. Intensivierte Formen wurden selten in den Antworten gefunden. Die Gesamtzahl der Merkmale, die schließlich entweder vom Psychiater oder Psychologen mit 2 oder 3 markiert wurden, war ganz klein. Eine spezielle Analyse dieser Merkmale wurde deshalb nicht unternommen.

Nachdem die Merkmalsverzeichnisse vervollständigt waren, fanden sich unter einigen Überschriften nur wenige Eintragungen.

Im Ergebnis wurde es möglich Va ⟶ Mu und Mu ⟶ Va zu Va —— Mu zusammenzufassen und ebenso J ⟶ M und M ⟶ J zu J —— M. Das gab eine Endliste von 15 Merkmalen für das Sammelverzeichnis, das in Fig. 6. dargestellt ist.

In diesem Sammelverzeichnis gibt die Spalte T die Gesamtzahl der Merkmale wieder, die jeweils in den F.B.T.-Antworten von Vater, Mutter, Sohn und Tochter erscheinen. Die Spalte U gibt die Zahl der Merkmale an, die der Psychiater nicht als richtig oder falsch klassifizieren konnte. Die Spalte mit dem Pluszeichen (+) zeigt die Zahl der Merkmale, in denen die Einschätzung des Psychotherapeuten mit den Angaben des F.B.T. übereinstimmte. Die Spalte mit dem Zeichen (—) zeigt die Widersprüche. Jede Eintragung in Spalte T entspricht klar der Summe der korrespondierenden Eintragungen in den anderen drei Spalten. Das Gesamtergebnis der 24 Versuchspersonen ist in Tabelle 4 dargestellt.

Tabelle 4.

	Va	Mu	J	M
T	110	149	57	65
U	22	32	14	12
+	54	86	32	39
—	34	31	11	14

T = Gesamtzahl der in den Antworten gegebene Merkmale
U = Anzahl der als unbekannt bezeichneten Merkmale
\+ = Anzahl der richtig bezeichneten Merkmale
— = Anzahl der als falsch bezeichneten Merkmale

Statistische Analyse und Ergebnisse

Die Validierungsstudie soll zeigen, daß die Information, welche durch den F.B.T. gegeben wird, wirklich zutreffend ist. Sie soll keineswegs behaupten, daß der F.B.T. eine *vollständige* Beschreibung aller Beziehungsmöglichkeiten in einer Familie darstellt; oder daß er *alles* enthüllen würde, was ein Individuum über seine Familie denkt; oder daß er sogar alle persönlichen Charakteristiken jedes Familienmitgliedes offenbaren würde. Die Anzahl von Informationen, welche er gibt, unterscheidet sich merklich von Person zu Person: aber es ist wichtig zu wissen, ob die Information, die man tatsächlich erhält, auch wirklich verläßlich ist. Die Validierungsstudie dient zur Feststellung, ob diese Information verläßlich ist oder nicht.

Ein anderer wichtiger Aspekt der Validierungsstudie ist, die Information durch den F.B.T. mit den tatsächlichen Auffassungen der Person zu korrelieren, die die Information gibt. Deshalb sind die Kriterien, welche in der Validierung benutzt wurden, die tatsächlichen Auffassungen der einzelnen Individuen, wie sie dem Psychotherapeuten beim Ausfüllen der Tabellen bekannt waren. Die Verwendung dieser Kriterien war die Ursache für die Schwierigkeit, eine größere Versuchsgruppe von Patienten zu gewinnen, deren persönliche Ansichten über die Familie auch wirklich so gut bekannt waren, daß sie für die Validierung ausreichten.

Wenn der F.B.T. als ein valides Verfahren betrachtet werden soll, dann müssen seine Feststellungen mit hoher Wahrscheinlichkeit korrekt sein. Deshalb muß eine signifikante Differenz zwischen der Zahl korrekter und nicht korrekter Feststellungen bestehen, die in den Antworten der verschiedenen Familienmitglieder auftauchen.

Jedes Subjekt in der Versuchsgruppe antwortete auf den F.B.T. unabhängig von den anderen, und die Antworten wurden auch unabhängig ausgewertet. Das gestattet, die Antworten von Vater, Mutter, Sohn und Tochter unabhängig voneinander zu bewerten. Es ist also die Frage zu beantworten, ob zwischen ihren richtigen und falschen Antworten signifikante Differenzen bestehen oder nicht. Diese Differenzen wurden mit der χ^2 Formel für eine Zwei-Zellen-Tabelle getestet (*Guilford*, 1956). Da in diesem Test die Befunde in zwei Frequenzen zu teilen sind, taucht das Problem der „unbekannten" (U) Werte auf. Nach einer sorgfältigen Auswahl von brauchbaren Versuchspersonen gab es immer noch eine bemerkenswerte Anzahl von Merkmalen in den F.B.T.-Antworten, die nicht mit einer gewissen Sicherheit als „richtig" oder „falsch" bezeichnet werden konnten. So wurde entschieden, daß diese Merkmale gleichmäßig auf die als richtig und als falsch bekannten Merkmalswerte zu verteilen sind. Die Häufigkeiten in Tabelle 5 schließen diese „Unbekannten" mit ein. Die Werte von χ^2 in den Tabellen zeigen, daß die korrekten Antworten auf die F.B.T.-Karten gegenüber den falschen Antworten signifikant überwiegen. Demnach kann der F.B.T. als eine verläßliche Methode betrachtet werden.

Zwei weitere statistische Auswertungen wurden ebenfalls unter Verwendung des Gesamtverzeichnisses durchgeführt, das in Fig. 6 dargestellt ist. Für jedes Familienmitglied Vater, Mutter, Sohn und Tochter wurde das Verhältnis der Gesamtsumme der Informationen durch den F.B.T. für jedes der 15 Merkmale (T) zu der Anzahl von richtigen Informationen (+) unter Verwendung der Spearman rank-correlation formula (*Siegel*, 1956) bestimmt. Das ergibt rho-Werte (ϱ) von 0,7 oder 0,8. Daraus folgt, daß die korrekten Informationen über den gesamten Bereich der Familienbeziehungen gleichmäßig verbreitet und nicht bei einigen wenigen Merkmalen unregelmäßig konzentriert sind.

Tabelle 5.

Väter		Mütter		Jungen		Mädchen	
n	7	n	8	n	4	n	5
+	65	+	102	+	39	+	45
—	45	—	47	—	18	—	20
χ^2	3,6	χ^2	20	χ^2	7,4	χ^2	9,6
d.f.	1	d.f.	1	d.f.	1	d.f.	1
E	0,10	E	0,001	E	0,01	E	0,01

n Zahl in der Versuchsgruppe + Anzahl richtiger Merkmale
E Ebene der Signifikanz — Anzahl falscher Merkmale

Tabelle 5 zeigt die signifikanten Differenzen zwischen den richtigen und falschen Aussagen der Familienmitglieder auf den F.B.T.

Die signifikanten Unterschiede zwischen den richtigen und falschen F.B.T.-Antworten auf die 15 Werte des Sammelverzeichnisses werden in Fig. 6 dargestellt.

Die Differenz zwischen der Häufigkeit richtiger und falscher Antworten bei den 15 Werten wurde ebenfalls unter Verwendung des sign-rank-test von *Wilcoxon* (1949) ausgewertet. Die Resultate dieses Testes für die vier Familienmitglieder sind in Tabelle 6 aufgeführt.

Tabelle 6.

Statistik	Va	Mu	J	M
N	15	15	15	15
T	22	16	10	5
E	$<$ 0,05	0,01	0,02	$<$ 0,01

N Anzahl der Vergleichspaare
T Statistik für den sign-rank test (*Wilcoxon*)
E Ebene der Signifikanz

Diese Resultate zeigen, daß der Familien-Beziehungs-Test eine gültige Technik darstellt, um zu untersuchen, wie die einzelnen Familienmitglieder die Beziehungen in ihrer eigenen Familie sehen.

Literatur

Guilford, J. P. 1956: Fundamental statistics in psychology and education. McGraw-Hill, New York.

Hilgard, E. R. 1962: Introduction to psychology. Methuen, London.

Howells, J. G. 1963: Family Psychiatry. Oliver and Boyd, Edinburgh.

Howells, J. G. and *Lickorish, J. R.* 1963: The Family Relations Indicator. A projective technique for investigating intra-family relationships: designed for use with emotionally disturbed children. Brit. J. educ. Psychol., *33*, 286–96.

Lickorish, John R. 1965: The contribution of psychological tests to child psychiatry. In: Modern perspectives in child psychiatry, ed. *J. G. Howells.* Oliver and Boyd, Edinburgh.

Lickorish, John R. 1966: Evaluating the child's view of his parents. J. proj. Techniques, Personal Assessment, *30*, 68–76.

Meehl, P. E. 1963: Clinical versus statistical prediction. Univ. Minnesota Press, Minneapolis.

Phillipson, H. 1955: The object relations technique. Tavistock Publications, London.

Siegel, S. 1956: Nonparametric Statistics. McGraw-Hill, New York.

Wilcoxon, F. 1949:: Some rapid approximate statistical procedures. American Cyanamid Co., Stamford, Conn.

Wolstein, B. 1964: Transference. 2. ed. Grune and Stratton, New York.

Name Datum

	Vater	Mutter	Junge	Mädchen
Va				
Mu				
J				
M				

Name Datum

	Vater	Mutter	Junge	Mädchen
Va				
Mu				
J				
M				

Name Datum

	Vater	Mutter	Junge	Mädchen
Va				
Mu				
J				
M				

Name Datum

	Vater	Mutter	Junge	Mädchen
Va				
Mu				
J				
M				

Name Datum

	Vater	Mutter	Junge	Mädchen
Va				
Mu				
J				
M				

Name Datum

	Vater	Mutter	Junge	Mädchen
Va				
Mu				
J				
M				

Name Datum

	Vater	Mutter	Junge	Mädchen
Va				
Mu				
J				
M				

Name Datum

	Vater	Mutter	Junge	Mädchen
Va				
Mu				
J				
M				

Name Datum

	Vater	Mutter	Junge	Mädchen
Va				
Mu				
J				
M				

Name Datum

	Vater	Mutter	Junge	Mädchen
Va				
Mu				
J				
M				

Name Datum

	Vater	Mutter	Junge	Mädchen
Va				
Mu				
J				
M				

Name   Datum

	Vater	Mutter	Junge	Mädchen
Va				
Mu				
J				
M				

Name Datum

	Vater	Mutter	Junge	Mädchen
Va				
Mu				
J				
M				

Name Datum

	Vater	Mutter	Junge	Mädchen
Va				
Mu				
J				
M				

Name Datum

	Vater	Mutter	Junge	Mädchen
Va				
Mu				
J				
M				

Name Datum

	Vater	Mutter	Junge	Mädchen
Va				
Mu				
J				
M				